꿈꾸는 달

강전영 제15시집

꿈꾸는 달

강전영 제15시집

도서출판 채은재

시인의 말

시인 강 전 영

살아서도 죽어서도
시인으로 살아가듯이

비 오는 바다를 사랑하는 시인
수없이 이별의 철길을 따라 거닐었고
이제는 아픔도 슬픔도 없는 세상에서
꽃길만 걷고 싶습니다.

늘 한결같은 마음으로 버팀목이 된
나의 친구 박상덕에게 고마움을 표합니다.

꿈꾸는 달처럼 저에게 달이 되어 준
이미솔 작가님, 나의 친구 김광숙 시인님,
최승아 작가님, 남윤숙 누나에게 그 마음을
가슴에 새기도록 하겠습니다.

2025년 제15시집 『꿈꾸는 달』
가슴속 멍울진 짐을 토해내는 심정으로
독자들 앞에
한걸음 더 다가가는 시인이 되겠습니다.

               2025年. 6월의 어느 날

                     서울 익선동 카페에서
                     青原 강전영

차례

시인의 말　　　　　　　　　　4

1부
달의 노래

당신만 오세요	12
봄	13
시절 인연	14
그림	15
달의 노래	16
안갯속의 악마	17
비가 내리면	18
풍등	19
익선동 거리·1	20
익선동 거리·2	21
익선동 거리·3	22
익선동 거리·4	23
고뇌의 시간	24
두 공간 속 그녀	25
간이역	26
달 속의 항구	27
다희네 잔치국수	28
구절초	29
애가타	30
자수정 꽃	31

2부
괜찮은 척

예쁜 너처럼	34
벚꽃 물감	35
괜찮은 척	36
여우의 오월	37
1호선 전철 안에서	38
이별·1	39
이별·2	40
먼 예감	41
영원한 별	42
손톱달	43
패랭이꽃	44
밤 열차	45
검붉은 태양	46
불면증	47
닭볶음탕	48
막걸리	49
보라빛 누나·1	50
보라빛 누나·2	51
보라빛 누나·3	52
보라빛 누나·4	53

차례

3부
바다에 기대어

달님께	56
외면	57
바다에 기대어	58
짱아	59
목각 인형	60
두물머리	61
외도 바당	62
계화桂花	63
꿈꾸는 달·1	64
꿈꾸는 달·2	65
꿈꾸는 달·3	66
꿈꾸는 달·4	67
꿈꾸는 달·5	68
꿈꾸는 달·6	69
꿈꾸는 달·7	70
꿈꾸는 달·8	71
꿈꾸는 달·9	72
꿈꾸는 달·10	73
꿈꾸는 달·11	74
애월의 눈물	75
보리밥	76

4부
사랑

여우의 봄	78
너는	79
한라산 철쭉	80
꽃 풍선	81
사랑 · 1	82
사랑 · 2	83
사랑 · 3	84
사랑 · 4	85
혜화동 · 1	86
혜화동 · 2	87
복사꽃	88
장미	89
길모퉁이	90
서리꽃 사랑	91
돌멩이	92
여우의 섬	93
윤연이네	94
정혜련의 피아노 연주곡	95
비밀 결혼	96
그대	97
향기 김광숙	98

차례

5부
늘 여기서 기다려요

새벽 배송	100
달맞이꽃	101
달이 재가 될 때까지	102
작약꽃처럼	104
늘 여기서 기다려요	105
여우의 신·1	106
여우의 신·2	107
여우의 신·3	108
여우의 신·4	109
여우의 신·5	110
우주별 소행성·1	111
우주별 소행성·2	112
우주별 소행성·3	113
능소화·1	114
능소화·2	115
꽃상어	116
여우의 그림	117
유달산	118
내가 부르는 노래는	119
환승 열차	120
몽마르뜨 사막여우	121

축하의 글

곽승주 작가	124
김광숙 시인	125
이미솔 작가	126

당신만 오세요

꽃들이 피어나는 계절에
수줍은 미소로 당신만 오세요

향긋한 내음 입가에 미소로
연분홍 립스틱 바르고 오시면
벚꽃들이 바람에 날려요

제주 바닷물에 꽃물이 번지면
설레는 봄소식 파도에 실려
속삭이듯 당신만 오세요

바닷가 빨간 우체통에
꽃 편지가 한가득 피어나고 있어요

봄

봄을 마중 나왔는데
아버지가 먼 발치에서 손짓을 한다

봄바람이 차가운데
어머니가 파릇한 봄동 김치가
상큼 아삭하니 맛있다고 한다

봄이 된 어느 날
두 사람은 보이질 않았다

시절 인연

내 마음을 읽으려 하지 마세요
너무 쉽게 다가온 사람은
한여름날 소나기와 같아요

너무 쉽게 말들을 공허하게 내뱉겠지만
너무 쉽게 떠나는 인연들이기에
처음부터 정도 없었어요

누구의 눈치도 보기 싫고
내 머릿속 조종하듯 다가오는
그런 사람 정말 싫어요

그림

저 하늘에 그림을 그린다면
우리의 사랑을 그리고 싶어

저 바다에 그림을 그린다면
우리의 노래를 음표로 그리고 싶어

복사꽃처럼 활짝 핀
너의 미소가
나의 운명이고 무지개 세상이야

어쩌면 좋으니
매일매일 봐도 보고 싶은데
오늘도 제일 예쁜 그림을 그릴 거야

달의 노래

천 번을 다시 태어나도 당신을 찾을 거고
그래도 못 찾는다면
만 번을 다시 태어나 당신을 찾을 거야

아무도 모르게 삼킨 말
너의 흔적 사라지기 전에
사랑하는 사람은 너 하나라고
사랑해 널 사랑해

고요히 흐르는 달빛 위에
그리움 태우는 달빛 위에
너를 위한 달의 노래 일거야

안갯속의 악마

안경 속 얼굴
여러명의 얼굴이 겹치지만
하나의 얼굴

놀란 눈동자
흐르는 눈물
자욱한 안갯속에 자동차

핏기가 가득한 섬뜩한 얼굴
성가대의 합창 소리
침묵의 달이 타오르는 밤

악마가 안녕을 새기고
검정 턱시도를 입으면
엘리베이터는 B3으로 내려간다

비가 내리면

와인 잔에 비가 내리면
레드 향기로 가득하네

소주잔에 비가 내리면
영롱한 이슬로 달빛이 되네

맥주잔에 비가 내리면
한여름날
장대비처럼 통곡의 눈물이 쏟아지네

막걸리잔에 비가 내리면
한겨울날 서럽도록 우시던
아버지의 눈물이 쏟아지네

소맥의 잔에 비가 내리면
채워지지 않는 빈 달의 그리움처럼
가을날 소나기로 내리네

풍등

잊지 않아요
계절이 수 없이 바뀌고
망망대해의 그리움처럼 타는 노을이
내 전부를 태워 없애 버린다 해도
어디선가 찾아 헤매고 있을 내 모습

바닷가 벤치에는
그 사람의 체취가 아직도 묻어 있는데
바닷가 빨간 우체통에는
그 사람에게 보내지 못한 편지가 한가득인데

내가 얼마나 더 보고파하고 그리워하고
내가 얼마나 더 아파하고 슬퍼해야
그 사람을 만날 수 있을까요
하루의 시간이 천년을 산 것처럼 길기만 합니다
풍등이 달그림자처럼 뜨거든
갈 길을 잃어 아직도 찾고 있다고

익선동 거리 · 1

찬바람은 겨울 속
익선동 거리

우연인 듯 만났지만
눈인사만 하고 지나는 거리에
벚꽃이 휘날린다

월계동하고 포천을 수 없이 오가던 시간들이
이별을 위한 사랑처럼
포천의 자전거 도로도 추웠던 가을

이별은 예감할 수 없는
웹툰 영화의 한 장면

비
가
내
린
다

수채화로 그려진 익선동 거리

익선동 거리 · 2

바람 불고
외로운 날에
노을만 붉어진다

벚꽃은
익선동 거리를 물들이고

그 외로운 사람이
나이듯
눈물비만 내린다

익선동 거리 · 3

돌아서는 날에
너의 모습은 보이질 않았어

하얀 미소 지으며
카페에 앉아 있는 모습이
복사꽃 같았지

종로 거리에서 우연히 봐도
서성이다 지나쳐 갔지

익선동 골목길마다
너의 흔적들은 그대로인데
너가 안보이잖아

익선동 거리 · 4

한 번쯤은 생각나는 사람이 있어
뒤돌아 봅니다

비라도 내린다면
저 빗속에서 살면서 걸어올 것 같아
이름을 불러 봅니다

익선동 어느 술집에서
술에 취했을 무렵
달빛이 되어 옆에 있을 것 같습니다

한 번쯤은 내 이름을 불러줄 것 같아
뒤돌아 봅니다

고뇌의 시간

거울 속에
얼굴이 보이질 않는다

외로운 별 하나
밤하늘을 떠돌고 있을 뿐

물을 끓이지만
주전자 속엔
바둑알 소리만 덜렁거린다

물속의
물고기가 도망칠 수 없는
현실은 미완성의 그림

두 공간 속 그녀

밤비가 그칠 즈음엔
화곡동 종점에 버스가 도착한다

제주시 종달리에는
폭우처럼 비가 쏟아지고
버스는 드문드문 지나가고 있다

화곡동 버스 정류장 노란 원피스
그녀는 피아노 전공의 소유자
빗소리마저 모차르트 연주곡이다

용눈이 오름에 오르면 하얀 원피스
그녀는 유아 교육과인데 늘 공허하다

간이역

장대비가 밤새 폭우처럼 쏟아지고
간이역에는
찬바람만 쌩하니 불더니
플랫폼옴 소리는 시한부가 되었습니다

열차가 지나간 흔적은 있는데
세월의 짐만 던져 놓고
한 해가 가고 새해가 왔는데도
간이역에는 밀려드는 그리움의 야생화
외로이 피었습니다

미운 정 고운 정 빗물로 지워지듯
간이역을 밝히는 외등 불빛이
안갯속으로 사라진 추억을 노래합니다

달 속의 항구

조용한 바닷가 항구에
달, 꽃처럼 눈들이 날리고 있다

쿠키 같은 집들의 불빛이
바다를 비추면

오가는 사람들은 하나둘
노랗게 물든 초승달이 된다

하나둘 배들은 정박을 하고
화가는 살아 있는 그림을 그리고

시인은
안갯속에서 노래한다

다희네 잔치국수

찬바람 비슬산을 휘돌고 돌아오면
숨 가쁜 하루가 타오르는 열정으로
다희네 국수 가게를 밝히는 등불이다.

삶아낸 국수를
그릇에 담고 정성 어린 육수를 부으며
그 위에 예쁜 색색의 고명을 얹은 모습이
꽃들 사이사이에 나비가 앉은 듯하다.

벚꽃이 봄바람에 이끌리듯
잔치국수에
소주 한 잔 얼큰하게 마셔도 좋다.

구절초

한마디 사연들은
저마다의 가슴 아픈 이야기들이지만
마디마디 꺾여서 피는 꽃은
달빛을 먹고 홀로 피는 구절초

가을이면 바람에도 아파하지
가을이면 제주도로 가고 싶어서 눈물 흘리지
시인은 바다에서 살아야 행복하지
아홉 번 꺾여서 제주로 돌아가고픈 구절초

애가타

할 말이 너무 많아요.
오늘도
어쩌면 내일도 말은 못 하고
속으로만 맴도는 말

저 달님은 아시는지
저 별님은 아시는지

가을에 만난 것 같은데
봄이 다가오듯 비가 내려요.
거기서 기다리면 되나요?
먼 발치라도 바라봐도 되나요?

자수정 꽃

자줏빛 바다를 꿈꾸고
자줏빛 우산을 쓰고
자줏빛 드레스를 입고

자수정 꽃을 사랑한 그대
자수정 꽃이 피던 날
자수정 귀걸이가 반짝인다

사랑도 자줏빛이라고
자수정 꽃을 키우며

그리움마저
삼켜 버린 시간 속에서

거짓말처럼
잊었다고, 다 잊었다고
그대는 자수정 꽃 사랑입니다

2부
괜찮은 척

예쁜 너처럼

아무것도 안 해도 돼
하얀 비닐우산에 빗방울이 그림을 그리듯

비 오는 동성로 거리에서
긴 머리에 헤드셋 끼고 빗소리 듣는다면

오월의 비처럼 내리듯
오월의 꽃처럼 피어난
입술이 빗물에 살짝 묻어난 립스틱

부끄러워도 하지 마
아파도 하지 마
슬퍼도 하지 마요

오월의 어느 날 비가 내린다면
울어도 괜찮은 얼굴이 예쁜 너처럼

벚꽃 물감

벚꽃이 피는 봄날에
심장이 터질 듯 온 세상을 벚꽃 물감으로
밤하늘의 달도 물들였지

외로운 시간도 저 멀리 보내고
쓸쓸한 시간도 저 멀리 보내고
슬픈 시간도 저 멀리 보낸다

벚꽃이 하늘에서 내리는 이 봄날
내게도 꽃처럼 활짝 핀 설렘으로
내게도 사랑이 찾아오겠지요

괜찮은 척

괜찮은 척
실없는 농담에 웃고 있지만
아닌 거 알잖아

괜찮은 척
한참 동안 대화를 나누었지만
짜증 나고 화만 나잖아

괜찮은 척
아무렇지도 않다고 말하지만
내 얼굴 표정이 말하잖아

괜찮은 척
술 마시고 허튼 행동을 하지만
아닌 거 알잖아

여우의 오월

나는 잠들었다가
나는 살지만 잠들었다

모순의 인간 세상 속에서
흔히들
여우는 요괴라고 하는 설화

그 요괴가 오늘은
너희보다 누룽지도 맛있게 먹는다

나는 깨어났다
나는 여우이기에
오월의 여우비로 내린다

1호선 전철 안에서

비는 새벽길 따라 내리고

첫차를 기다리는 시간
바람은 대합실 안으로 흩어져
아파도 소리조차 낼 수 없지만

1호선 전철은 침묵을 먹고
덜커덩거리며 달린다

내릴 시간은 다 되었는데
전철 안 광고들이 회오리처럼
차창 밖은 무심의 낯선 그림자

비가 그쳤는데도 내릴 수가 없다

이별 · 1

낯선 거리에
낯설지 않은 사람 만나면
일기예보는 맑음

눈물로 채워진 거리마다
멍울은 새벽비에
저 혼자 흐느껴 운다

비 예보는 예고 없이 오고
이별도 예고 없이 오듯
가면을 쓴 낯선 사람들

이별 · 2

여행을 떠나려 합니다.

이번 여행은
아주 길고 먼 여정이 될 것 같습니다.

하나씩 정리해 가듯
마음의 시간도 정리합니다.

어쩌면
여행길에서 돌아오기 힘들 것 같습니다.

마지막 기도를 합니다.

먼 예감

새벽이면 늘 깨어 있었다.

누군가 다가와 잠을 깨우는 듯,
별도 달도
모두 숨어 버린 정적 속에서

멍을 때리지만 생각은
저만큼 가서 외등 불빛 속에
눈들을 날리고 있었다.

단추 하나가 채워지지 않은 새벽

영원한 별

저 하늘 별빛 담아 피운 꽃
바람 타고 봄 향기로
금촌읍에 연분홍으로 물들네

밤하늘 수놓은
영원한 별의 실타래로
어둠 속에서도 빛나는 별

금촌읍에 다시 오니
어느새 오십 중반의 나이이고
영원한 별은 벚꽃 미소로 물들네

손톱달

손만 닿으면 닿을 듯 멀어지는
저 달을 가지고 싶어요

달님은
내 속도 모르고 저리도 밝게 비추네요

애꿎은 손톱만 깨물고
달 아래서 춤을 추네요

정한수 떠 놓고 기도할 테니
손톱달이라도 품에 안고 싶어요

패랭이꽃

내가 고개 돌려 멍하니 있어도
패랭이꽃은 잘도 피었구나

계절은 철 따라 나이를 먹는데
패랭이꽃은 늙지도 않는다

내가 한 걸음 늦게 걸어가도
패랭이꽃은 나만 쳐다본다

영원한 것은 없다지만
패랭이꽃은 잘도 피었구나

밤 열차

시린 상처는
밤 열차에 멀리 띄워 보낸다

지난 시절의 아팠던 순간마저
밤 열차에 멀리 띄워 보낸다

빗소리는 플랫폼을 적시고
외등 불빛들이 바람에 떨고 있다

밤 열차는 부산역을 향해 달리는데
열차 안에 나는 없었다

검붉은 태양

검붉은 태양을 가슴에 품고 살았다.

가시에 찔려도 아픈 줄 모르고,
슬퍼도 웃을 수밖에 없는 삶.

몽유병 환자처럼 수척해진 얼굴로
엄마를 그리워했다.

검붉은 태양은 밤에도 꺼지지 않는다.

불면증

만남을 기약하지 않아도
하나가 되어 가는 사람

불면증 같은 밤이 낮이고
불면증 같은 낮이 밤이고

소리 내지 않은 바람이 들어와
소리 내지 않은 풀잎이 속삭여

너도 나처럼 잠 못 이루는지
내가 너를 사랑하는 봄 같아

닭볶음탕

닭볶음탕 요리 잘하는
그런 여자 어디 없을까요

매콤하면서 달달하게 녹여 주는
사랑의 양념 뿌려 주는
그런 여자 어디 없을까요

닭볶음탕 먹고 남은 고기와 국물에
김가루 고명처럼 뿌려 주는 센스,
어쩜 밥도 야시시하게 볶을까요

내 마음을 들었다 놨다 하는
그런 여자 어디 없을까요

막걸리

한 발짝 늦게 떠나 준다면
진달래 피는 봄날에
막걸리 한 잔 마시고 가세요

그래도 가셔야 한다면
이별도 행복한 여행이라고
막걸리에 콧노래 부르며 가세요

한 발짝 먼저 떠나 준다면
화전에 막걸리 마시고
제가 먼저 떠나갈게요

보라빛 누나 · 1

서울 하늘을 바라보고 있지만,
동성로 거리를 걷고 있다.

중랑천에 비가 내리면
보라빛 누나를 만나러 동대구로 가야지.

서울숲 철길을 걸으면 안녕하는 소리에
수성못 산책길에서 웃음 지으며
반갑게 맞아주는 보라빛 누나.

하모니카 소리 들리거든
우수에 찬 눈빛으로 김광석 거리에서
기다리고 있을게요.

보랏빛 누나 · 2

다소곳이 앉아 있는 모습
보라색 유채꽃으로 피어나니

시집 읽는 모습은
보랏빛으로 꽃이 된 누나

앞산엔 달님이 뜨고
비슬산 자락엔 반딧불이 불 밝히니
춤추는 누나의 자태

팔공산 갓바위에서
소원 빌고 비는 두 손에는
보랏빛 관세음보살

밤하늘 아래 순결한 날개는
보라색 십자수의 그리움

보랏빛 누나 · 3

보랏빛 립스틱 바르고
보랏빛 챙 넓은 모자를 쓰고
보랏빛 원피스를 입는다

보랏빛 꽃들이 핀 화원에는
보랏빛 꽃비가 내린다

밤하늘 별도 보랏빛으로
밤하늘 달도 보랏빛으로
보랏빛 누나가 너무 좋아요

보랏빛 누나 · 4

시월의 어느 날
고풍스런 멋이 아름다운
그 한 사람, 달 속에 꽃이 되었네

하늘에 있는
저 별들 중 감싸 안 듯 나는
보랏빛 별 하나

외로운 사람들의 마음까지
오월의 웃음으로 감싸 안듯
그 한 사람, 달 속에 등대가 되었네

한숨만 나는 시간마저
좋았던 날들만큼 기억하라는
보랏빛 별 하나

슬픈 인연보다
아름다운 인연을 사랑하라고 했던
나의 보랏빛 누나

달님께

달님께
한 잔의 술을 바칩니다

꽃처럼 취하시면
제 마음도 어루만져 주소서

달님께
한 잔의 술을 바칩니다

제주의 노을처럼 붉어지시면
백학이 되어 날아오르게 하소서

달님께
한 잔의 술을 바칩니다

홍매화 피는 봄이 오면
안갯속에서도 사랑하게 하소서

외면

기억 속 나를 찾지 말아요
친절한 영혼이라도
가식처럼 별이 부서져요

개미들의 교향곡은
이슬비처럼 한 방울 천천히
슬픔이 더 아름다운 서시처럼
개미들이 합창을 한다

마음속 나를 찾지 말아요
연분홍 입술이라도
가식처럼 바다가 갈라져요

바다에 기대어

바다에 기대어 잠들고 싶습니다.
바다에 기대어 꿈을 꾸고 싶습니다.
바다에 기대어 긴 꿈에서 깨고 싶지 않습니다.

미치도록 네 생각만 나서
바다에서 잠들고 말았습니다.
미치도록 네가 좋은데
바다에서 풍경이 되고 말았습니다.

바다에 기대어 종소리를 듣습니다.
바다에 기대어 기타 소리를 듣습니다.
바다에 기대어 풀바람 소리를 듣습니다.

짱아

차가운 바람
저 끝의 계절, 그리움이라면
짱아, 이름을 불러 본다

노을 속으로 사라지는 새들
강물 위에 달그림자 비추면
짱아, 조용히 바라다본다

그리울 거야
모란이 피던 그날이 오면
짱아, 새벽 빗소리를 듣는다

목각 인형

눈물이 흐를 것 같아
목각 인형을 깎습니다

손톱이 갈라지고
핏기 서린 손으로
목각 인형을 깎습니다

독한 이별은
접동새가 먼저 알았는지
아니, 아니 되오

더 하루가 가기 전에
목각 인형을 깎습니다

두물머리

나의 노래가 들리는 날에
그대 한 걸음씩 오세요

두물머리에
노을이 화장을 했네요

나의 편지가 도착하는 날에
그대와 저녁 식사 같이 해요

두물머리에
연꽃 축제하는 날 만나요

외도 바당

그대가 가는 곳이라면
어디든 따라가겠어요

외도 바람이
오늘따라 더 세차게 부는데

파도 소리는
고향에 온 듯 정겹네요

그대와 조개 캐기를 하고
바다에서 담아 온
바닷물에 조개를 넣으니

밤하늘의 별보다
더 반짝이는 것이
그대를 닮은 눈동자 같아요

계화桂花

계화꽃
달빛을 머금고 피어오르면

그 향기는
계화차에 차분히 퍼진다

그림을 그리듯
하늘의 기운으로 피어오르는 꽃

비바람에도 꺾이지 않고
계화는 온유하고 강하다

꿈꾸는 달 · 1

나는 몰라
나는 정말 몰라요

달이 어디에 뜨는지
달이 어디에서 와서 어디로 가는지
달이 가슴속을 헤집고 도망치는데

잡을 수가 없어요
손만 닿으면 터져 버릴 것 같은 사랑

우주별 소행성에서
꿈꾸는 달 속삭여 주세요
내 가슴에 달이 되어 주세요

꿈꾸는 달 · 2

내 맘 흔들어 놓고
꽃피는 봄이면 돌아온다던 사람

겨울 지나
진달래 피고 벚꽃은 피는데
소식조차 없네요

내 가슴 파도처럼 뛰게 해 놓고
봄비 내리면 돌아온다던 사람

겨울 지나
개나리 피고 사랑도 피는데
달님도 숨었네요

꿈꾸는 달 · 3

달님 속에 숨어 버리었나요
보고 싶어 하늘만 바라보다
해바라기가 되었어요

어제는 우이천을 별빛이 되어 거닐고
오늘은 중랑천을 밤배가 되어 떠가고

달님이 숨바꼭질하자고 하네요
어디에 있을까 소리쳐 불러봐도
메아리쳐 오는 것은 보고 싶다

꿈꾸는 달 · 4

냉동실에 있다가 나온 듯
달이 차갑다

시베리아
횡단 열차가 지나간 것도 아닌데
시베리안
허스키와 밤새 눈밭을 뛰놀은 것도 아닌데
달이 너무 차갑다

그리움의 무게는 잴 수가 없어
꿈속에서 만나는 달은 타들어 가듯
뜨겁기만 하다

붉은 실타래로
손목과 손목에 묶인 인연이라면
차가운 달이 아니라
뜨거운 용암의 불구덩이 같은
열망으로 타들어 가는 달이라도 좋다

꿈꾸는 달 · 5

저기 저만큼 가면 되나요
외등 불빛에 내리는 눈들이 솜사탕처럼
가슴에 안기네요

우리가 사랑했던 날들만큼
밤하늘의 달도 빛나고 있어요

저기 저만큼 가면 되나요
아파서 너무 아파서 내리는 빗줄기에
가슴이 무너져요

우리가 이별했던 날들만큼
밤하늘의 달도 지고 있어요

꿈꾸는 달 · 6

내가 마시는 술 속에
당신이 달꽃 되어 떠 있네

내가 달님을 바라보고 있으면
저 달님이 사랑하는 저예요

오늘 하루도 고생 많았어요
내일은 더 좋은 일 있을 거예요

사랑하는 당신 만나러
꿈을 꾸는 날이면 달이 뜨네

꿈꾸는 달 · 7

그대 속상한 일 있으면 다 말해요
그 어떤 말이라도 괜찮아요

내가 조금이라도 위로가 될 수 있다면
아무 때나 전화해도 받을게요

그대 잠 못 이루는 날에 꿈꾸는 달이 되어
밤새 팔베개 해드릴게요

차디찬 제주의 바람이 아니라 내가
포근하게 감싸안는 바람이 될게요

꿈꾸는 달 · 8

가까이 있으면서도 만나지 못하고
멀리 있을 때는 더 만나지 못하고

달님이 저만큼 멀어져 가는 것처럼
달님이 내 모든 것을 가져가려 해

달 없는 밤길은 어둡다 하지만
내 마음만큼 어두울까요

그대 기억해 주오
꿈꾸는 달을 보며 보고픔 전한다오

꿈꾸는 달 · 9

헝클어진 머리카락
슬픈 눈동자
무표정의 얼굴
웃픈 현실이 낮 달처럼 뜨지만
나의 달은 뜨지 않았다

차라리
꿈꾸는 달이라면
꿈속에라도
슬픈 사랑은 하지 않았을 텐데
달이 하염없이 울고 있다

꿈꾸는 달 · 10

저 달이 나만의 달인지 알았어요
저 달이 서울의 달인지 알았어요
저 달이 제주의 달인지 알았어요

내가 외롭거나 슬플 때도
내가 사랑하고 이별할 때도
내가 절망 속에서 희망을 노래할 때도

저 달은 늘 그 자리에서
공허한 마음까지 정화시키듯
휘영청 밝게 비추고 있다는 것을

내가 살아온 나날보다
내가 시심으로 살아갈 시간이 많기에
내가 더 감사하고 사랑해야 할 사람들

진정 눈부신 달빛이 흐르는 날
꿈 꾸는 달 속에
시인의 사랑과 행복이 빛나고 있습니다

꿈꾸는 달 · 11

한 번은 만나고픈 사람이 있습니다
한 번은 만나야 합니다

꽃은 피고 지듯이
죽기 전에 한 번은 만나야 할 사람
낮 달이 뜨거든 소식 전해다오

가슴에 비밀스럽게 간직한 사람
저 달이 먼저 알았습니다

술에 취한 밤
웃픈 모습이 빗소리에 꽃잎 떨구니
새벽달 뜨거든 소식 전해다오

애월의 눈물

애월의 파도 소리는 소리 없이
피아노 건반을 치고

겨울비는 내리고
애월 해안도로는 갈 길 잃은
노을빛 바다를 보며 춤을 춰요

오늘 이 자리에 서 있으면
돌아와 있을 것 같은 그림자
눈물이 흐르는데 어떡해요

사랑한다 말하고 싶은데
바람에 날아갈까 봐
사랑한다 말하고 싶은데
파도가 밀려와 눈물만 흘려요

밤새 기도를 드려도
애월의 밤은 달빛만 이야기해요

보리밥

구수한 된장찌개에
갖은 나물 골고루 넣고

참기름 윤기 자르르 흐르면
보리밥 맛깔나게
고추장에 비벼 먹고 싶네요

장수 막걸리 한 잔에
김치전이면
술맛도 환상적이지요

숭늉 한 그릇 마시고 나면
저녁노을은 붉어진 얼굴처럼
풍등 같은 인생이 바람 타고 가네요

4부

사랑

여우의 봄

벚꽃이 피던 날처럼 거리에는
우연이 겹치듯
꽃잎들이 풍선처럼 날린다.

여우의 꼬리는 말없이
사이다처럼 비가 밤새 내리고
끝이 처음처럼 봄을 맞이한다.

꽃비 내리던 봄 흐르는 곡이
Adele - Someone Like You
여우의 마음처럼 비가 내린다.

너는

너는 싫다고 저 멀리 날아가서
비상하는 새가 되었지.

정녕 어디에 있지? 찾으려 하면
초상화 속의 눈동자가 저예요.

너는 정들면 안 된다고
애써 외면하는 가시나무새

시간은 묻어 두고 세월은 가는 것이라고
동백꽃이 붉게 물들면 만나요.

한라산 철쭉

한라산 철쭉이 피는 봄
기다림의 순간도 행복하다

한걸음 걷다 힘들면
한걸음 쉬고
안개가 살짝 드리워진
한라산 풍경에 눈이 멀어도 좋다

철쭉이 긴긴 겨울의 끝에서
봄비 속에 반갑다고 인사를 한다

달빛 이슬에 꽃잎은
한라산의 애절한 사랑가 부르니
꿈속에도 피어나는 철쭉
내가 사랑한 한라산의 봄이 온다

꽃 풍선

내 사랑
내 모든 것을
튤립 꽃 풍선으로 날려 보내는 봄

달 밝은 밤
재즈풍의 노래 흐르면
복숭아꽃 풍선으로 날려 보내는 새벽

봄비
봄비…봄비
능소화 꽃 풍선으로 날려 보내는 봄

찻잔 속 눈물이
고집 센 세월의 아이처럼
진달래꽃 풍선으로 날려 보내는 새벽

사랑 · 1

그땐 몰랐어요
그것이 그리움처럼 번져가는
사랑이었다는 것을

가슴이 두근
달콤하게 속삭이는 말들이
그냥 하는 말인 줄 알았어요

함께 하는 시간들이
얼마나 소중 했는지 알 것 같아요
사랑이었다는 것을

사랑 · 2

굳이 약속은 안 해도
바닷가 그 곳에 발자국 있다면
캔맥주 한잔 마시러 오세요

눈 내리는 바닷가 파도 소리처럼
무지개 해안 도로에 앉아 있으면
등 뒤에 서 있을 햇살처럼 오세요

하루 종일 바다만 바라보다
멍 때리고 있어도
당신의 숨소리에 심장이 뛰어요

사랑 · 3

흩어진 별빛들을 모아
글씨를 쓴다면
너에게 사랑한다고 쓰고 싶어

꿈속에서 깨어나
밤길을 걸으면 달이 비추어 주고
바람에 실어 보내는 말은
너에게 보고 싶어 이 한마디

단풍은 물들어
수많은 사연들 적어 보내니
우리의 사랑 별처럼 빛나고 있어

사랑 · 4

별이 가슴에 스며들면
사랑차 마셔도 좋다

달이 가슴에 스며들면
딸기처럼 달달해도 좋다

꽃잎이 가슴에 스며들면
옛이야기 나누어도 좋다

눈이 가슴에 스며들면
따습게 안아 줘도 좋다

혜화동 · 1

통기타 선율에 퍼지는 꽃잎들은
햇님의 인사를 받으며
노오란 나비에게 사랑노래를 부른다

검정 부츠를 신고
혜화동 거리를 수채화처럼 그린 날
연인이 될 순 없어도 사랑해 버린 사람

허스키한 음색으로 비는 내리고
잡아끄는 눈빛이 거친 바다에서
만나자, 지금은 사랑하자

혜화동 2

새벽달 뜨는 삼월이면
혜화동에 눈이 내린다

하얀 목련 꽃봉오리도 피지 않았는데
마로니에 공원은
외등 불빛 하얗게 날리는 눈사탕

그녀의 시선은
어둠과 달빛 사이에 멈추어 있다

마음에 스며든 감촉을
그녀는 달꽃이라 부르는 날
혜화동에 눈이 내린다

복사꽃

천 번을 다시 태어나도
복사꽃 같은 당신을 만나고 싶습니다.

지금보다 더 아픈 현실이라도
내 안에 존재하는 당신을 만나고 싶습니다.

우리가 이 모든 역경과 고난을 이겨내고
지나간 아픔들을 흐르는 강물처럼 잊는다면
행복한 햇살 속에 웃으며 길을 걸어가겠지요.

당신의 숨소리, 발자국 소리가 봄바람에 들려와요.
당신의 긴 머리카락이 복사꽃처럼 날려요.

천 번이 아니라 만 번을 태어나도
당신 한 사람만을 사랑하는 나무가 되겠습니다.

장미

비에 젖은 장미는
차가운 바람에 옷을 벗는다

내 안에
그대가 안기는 순간
가시가 하나 둘 떨어져 날리는

외로움 안고 핀 꽃잎까지
부드러운 혀끝으로 애무하는 밤
어둠 속에서 영혼까지 사랑했다

하늘이 우리 사랑을 허락한 날
장미는 타오르는 태양처럼

길모퉁이

길모퉁이에서 눈물 자국 번져 가는
달을 보았다

이도동의 해돋이는
또, 다른 나의 모습이었고

하품만 나오는 것도
인생의 일기처럼 써 내려가고

다시, 길모퉁이를 돌아서는 날엔
봄꽃 같은 달을 보았다

서리꽃 사랑

서리꽃이
겨울과 봄의 길목에서 피는 날

순백의 눈도 며칠째 내리고 있었다
떠나간 사람은 소식 없는
편지만 보내오는 하얀 겨울

어디서 무엇을 하고 있을까요
한승기의 "연인" 노래는
소풍 터미널 안에서 흐르는 이별

서리꽃이
내 가슴에 아프도록 피었다

돌멩이

이리 굴러다니고
저리 굴러다니고
세상 풍파 속에 살았다

짓밟히고 던지고
홈집이 나고 깨진 상처로
이를 악물고 살았다

쉽게 버려지고
아파한 시간들이 많았지만
더 단단하게 살았다

여우의 섬

어딘가요 눈을 뜨니
저긴가요 눈을 뜨니

그래도
여우의 섬이다

숱한 인간들이 불나방처럼
숱은 밤거리의 취객처럼

모여든
서울이든 부산이든
제주도이든

너희는 모두
여우의 섬에 낚인
먹이 사슬

윤연이네

경운기에 말통 막걸리 싣고
윤연이네 마을로
거시기허게 가는 길 꽃도 만발하니
토종 밥상의 구수한 향기 녹아든다

새마을운동 초록색 모자를 눌러쓰고
윤연이네 마을로
두부 계란 감자국 주신다기에
징허게 가는 길 보슬비가 내리고
시골살이의 정담이 밤새 이어진다

손맛으로 정성껏 만들어낸 음식에
막걸리 한 잔 들이키니
겁나게 좋아부러잉 취하지도 않으니
윤연이네 마을에서 하룻밤 청해 본다

정혜련의 피아노 연주곡

겨울과 봄 사이에 눈이 내린다.

코트깃을 세우고 거리를 오가는
낯선 이방인들의 모습.
고풍스런 분위기 속에 커피를 마시는
노을빛 미소가 흐르는 연인들.

스위스 카펠교에서
정혜련 피아니스트의 연주곡,
Die Wilde Jagd, Metropolitan Orkest, Simo.
순백의 영혼처럼 잔잔히 흐르면
로이스강의 아름다운 뷰가 타오르는
노을처럼 피아노 건반에 살짝 물든다.

시간과 계절은 잊고
연주곡만이 달빛으로 흐른다.

비밀 결혼

다음 세상에서는
어디선가 마주쳐도 못 본 척 지나가요

다음 세상에서는
거울 속에 모습이 저라고 믿지 마세요

다음 세상에서는
썬그라스 그 남자 만나지 말아요

다음 세상에서는
사연 많은 그 남자 만나지 말아요

다음 세상에서는
비 오는 바다에 가지 마세요

그래도 사랑한다면
다음 세상에서 비밀 결혼식 해요

그대

그대에게
한걸음에 달려가고 싶지만
오늘은 참을래요

저 때문에
그대 심장이 터져 버리면
평생 죄인이 되잖아요

그대에게
오늘 밤에는 눈빛 미소로
인사하지 않을래요

저 때문에
그대 동공이 지진이라도 나면
평생 내 사람이 되잖아요

향기 김광숙

그립다 보고 싶다
말을 하지만
별이 되어 빛나고 있을

그 사람 향기는
벚꽃의 향기도 아니고
상처를 보듬어 주는 향기

어둠 속에서도
천년의 인연으로 다가온
나만의 향기

어제 미처 못 한 이야기가
단풍으로
어제 미처 못 한 이야기가
능소화가 달빛 속에 피고

그 사람의 향기는
그 어느 꽃으로도 편 물결이 아니라
내 마음에서
첫 정을 간직한 향기

5부

늘 여기서 기다려요

새벽 배송

당신에게
제 마음의 달을 새벽 배송 합니다

당신에게
제 마음의 벚꽃을 피우듯 꿈꾸는 시간에
새벽 배송 합니다

당신에게
힘든 시간에도 웃을 수 있는 시 한 구절을
새벽 배송 합니다

당신에게
사랑 한 스푼 또, 한 스푼 제 눈빛까지
새벽 배송 합니다

달맞이꽃

달빛으로 수놓은 옷을 입는다면
달맞이꽃으로 바느질한 옷을 입고
달 속을 걸어가고 싶다

그리움의 물결은
달님을 노랗게 물들이고
살아서는 만날 수 없는 사람이기에
달맞이꽃으로 피고 싶다

달님은 애처로이 기우는데
검붉은 바닷물에 달그림자 비추니
달맞이꽃 슬프도록 피고 있다

달이 재가 될 때까지

오늘은 깨어서 소리를 듣습니다
그리움처럼 타고 있을 달처럼
아득히 먼 곳이라도 들리겠지요

자잘한 이야기들은
세월의 무딘 아픔이겠지만

거리에는 주머니 속 손을 넣은 사람
거리에는 눈 내리는 풍경에 취한 사람
거리에는 불빛들의 옷을 입은 사람

오늘은 잠에서 깨어나질 못했습니다
새벽이면
핏기로 얼룩진 꽃들이 뒹굴고
가슴은 통증으로 너무 아파서 뒹굴다가
머리카락이
수북이 쌓인 눈 위에서 잠들었습니다

하느님
눈처럼 깨끗한 겨울 속에서 잠들고 싶습니다
아주 긴 잠에 빠져도 좋습니다
달이 재가 될 때까지 잠들고 싶습니다

작약꽃처럼

우리 이쯤에서 마지막 인사를 해요
슬퍼하지도 마시고
파도 소리처럼 그런 날 간다고

시인이 사랑한 바다
시인이 사랑한 달
시인이 생각나거든 가끔씩
가을 하늘을 보며 이름 불러 주세요

바람 부는 날 떠나갈게요
울지도 마시고
작약꽃처럼 살다 간 시인이라고

늘 여기서 기다려요

비가 오는 날에도
바람 부는 날에도
늘 여기서 기다려요

밤새 돌고 도는
검붉은 비가 내려도 엇갈린
우리의 운명을 바꿀 수 있다면

연분홍 벚꽃으로 밤새 비가 내리길
마니산에서 서해 전망을 바라보듯
기도를 합니다

서해안 해변의 발자취 따라가면
전등사에서 만날 수 있을까
늘 여기서 기다려요

여우의 신 · 1

바람은 시들었다
술잔에 달이 앉았다

복사꽃이 피니
여우의 신이 얼쑤구나

춤을 추니
무상계 바람이다

여우의 신은
빈손에 이슬을 잡았구나

여우의 신 · 2

손끝에서 피어나는
무명의 춤은
하늘과 땅의 울림

천년의 한 서린 눈빛은
안개비 속에
거친 숨도 감추는 새벽

여우가 달그림자를 먹으면
다정스럽게 속삭이듯
다가갈 테니 조심하세요

여우의 신 · 3

계곡의 물 흐르는 소리
붉은 철쭉 피어나니

여우의 손목에 붉은 실
철쭉처럼 꽃잎 피운다

정자에 앉아
가야금 한 줄 퉁기면

달빛이 내려와
철쭉 붉게 물들이고

허공 중에 날아가 버린
여우의 눈썹

하늘에 띄우는
여우비 연가이다

여우의 신 · 4

고즈넉한 밤
달빛아래 비는 뿌려지고

장독대는
빗방울 소리로 산기슭도 뿌우연 안개

여우가
아홉 번의 거듭난 윤회가
우박으로 바뀌는 새벽

수많은 장독대 속에는
욕정의 간
탐욕의 간
배신의 간
수많은 간들이 있지만
아직 채우지 못한 한 가지

빗속에서
낯선 누군가를 기다린다

우박처럼
여우가 가져갈 간 하나를

여우의 신 · 5

종로3가
익선동 거리를 오늘도 걷지만

그리움만큼 비가 내리면
십 년의 시간이 변했지만
나는 반딧불처럼 걷고 있어

너무나도 힘들고 바쁘게 보낸 하루가
슬픈 그림 속에 그려진 여우의 신

아무렇지 않게 농담을 하고
센치하게 걷고 있지만
여우비는 밤새 울어 그치질 않아

사는 게 뭔지
그래도 살아가겠지

나는 그 누구도 감당 못 할
비밀을 간직한 여우의 신이니까

우주별 소행성 · 1

그대의 눈빛 미소에
우주별 소행성에서 공기놀이도 하고

그대의 키스로 별들이 빛나면
우주별 소행성에 무궁화 꽃이 피었습니다
숨바꼭질도 해요

그대가 엄지 척을 하면
긴장반 설렘반으로 희망의 노래
사막 여우라 부르지요

그대가 가는 길이라면
그 곳이 가시밭길일지언정
꽃길을 걷는 바보 사랑

우주별 소행성 · 2

화려하지 않아도
텐션 하나는 죽여주는
이 남자 어쩌면 좋을까요

낮이든
밤이든 썬그라스 하나면
우주별 소행성 어린 왕자

화려한 인생도 살아 봤고
인생 밑바닥도 기어 봤으니
2025년에는 작약꽃처럼 피는 거야

우주별 소행성 · 3

저만큼의 거리에서 만나요

아주 가까이도 말고
아주 멀리도 말고

우주별 소행성에서 만날 수 있는
거리만큼만 유지해요

요만큼이 가장 좋은 것 같아요

마음으로만 이어지는 꿈처럼
그냥 바라만 보고 있을게요

우주별 소행성에서 만날 수 있는
작은 사랑만 할게요

능소화 · 1

하늘이 허락한 사랑이라면
그 눈빛
능소화처럼 피어오르게 하소서

비바람 몰아치는 날에도
그 미소
능소화 전설로 되살아나게 하소서

간절히 원한 우리의 사랑이라면
그 얼굴
능소화 꽃잎으로 입맞춤하게 하소서

능소화 · 2

두 눈을 감고 생각에 잠기는 날에도
창가에는 하루 종일 비가 내렸습니다.

지독한 독감에 걸린 듯
기침은 밤새 빗줄기처럼 내렸습니다.

능소화를 닮아 더 애처로운 당신
능소화를 닮아 더 창백한 당신

한 해가 가고 눈처럼 쌓이는 날에도
감았던 두 눈을 뜰 수가 없습니다.

눈먼 사랑의 기도가 당신을 만나는 날
달 속에 능소화가 피었습니다.

꽃상여

초사월에 때 아닌 짙은 눈개비가 내린다.

오가는 사람도 없는
외딴 길
강풍으로 나무 가지가 꺾여 떨어진다.

꽃상여 행렬이 안갯속으로 사라진다.

여우의 그림

여우의 그림은
미켈란젤로의 천지창조보다
가늠할 수 없을 정도로
아름다운 내면의 깊이가 있다.

성 베드로 성당에서
신부님께 고해성사를 드리는 날
대천사의 은총이 눈부신 빛처럼
여우의 영혼을 성수로 보듬는다.

성당의 종소리가
여우의 빗방울 소리처럼 들리거든
그림 속에서
여우가 세상 밖으로 나온다.

유달산

영산강에
달빛 흐르면
애타는 가슴으로
유달산에 오른다

북두칠성 빛나는 밤
고동에
막걸리 한 잔이면
설움도 사라진다

시인의 시 한 구절은
영산강에 차고 넘치는데
유달산의 밤은
동백으로 붉어진다

내가 부르는 노래는

내가 부르는 노래는
가을 하늘의 시가 되네

내가 부르는 노래는
겨울 바다의 시가 되네

내가 부르는 노래는
창백한 창가에 서 있을 낙엽의 시가 되네

내가 부르는 노래는
목마른 사슴의 눈빛 같은 시가 되네

내가 부르는 노래는
제주 붉은 동백으로 물든 시가 되네

내가 부르는 노래는
익선동 거리에 부는 바람의 시가 되네

환승 열차

한참을 꿈꾸는 순간에도
지나쳐 온 시절의 연기 같은 이야기가
못다 부른 노래처럼 흐른다.

오늘은 느림보처럼 걸어가면서
유채꽃 같은 달도 바라보며
고난의 열차에서
행복의 열차로 환승하고 싶다.

스치는 인연들은 짧은 바람이지만
가슴속 오랜 인연은 아파도 함께할
등불이고 별처럼 늘 빛난다.

몽마르뜨 사막여우

겨울비 내리는 몽마르뜨 언덕
사크레쾨르 성당의 종소리

사막여우 곱게 립스틱 바르고
성모 마리아 앞에서 기도드리는 날
우리 만나요

몽마르뜨 언덕에 밤이 되면
어린 왕자 밤하늘에 불 지르고
사막여우는 숨바꼭질한다

축하의 글

 축하의 글

제15시집 『꿈꾸는 달』 시집 출간을 축하하며

곽 승 주 작 가

진흙 속에서 파헤쳐진 진주도
이 시보다 더 빛을 발할 수 없다

연못 속에서 핀 연꽃도
이 시보다 예쁘지 않을 것이다

열 달 산고의 고통이
이 시보다 더 아프지 않을 것이다

청원 강전영 시인의 시는 이렇게
긴 산고와, 진흙 속에서, 어둠 속에서,
고독과 슬픔 속에서 태어난 것이다

그의 시는 가벼우면서도 무게가 있고
얕으면서도 깊이가 있는 시이다

짧으면서도 긴 여운을 남기는
시(詩)를 쓴 강전영 시인의 출간을 축복한다.

축하의 글

친구의 제15시집 출간을 축하 합니다

김 광 숙　시 인

강전영만의 서사시
꿈을 꾸는 순수한 미소년
오로지 꿈을 위해 어떠한 역경도
이겨 내는 투지와 자기만의 세계 속에서
꿈을 먹고 꿈을 키우는 어린 왕자

호기심을 발동시키고
그의 글에 빠지게 만드는
마술 같은 시심(詩心) 기대하세요
개봉박두 그의 유혹에
또, 한번 빠지게 되니 조심하세요

 축하의 글

친애하는 문학 선배님께

이 미 솔   작 가

달이 조용히 마음을 비추듯,
시인님의 언어는 우리 안의 고요한 풍경을 불러옵니다.

'꿈꾸는 달' 그 고요하고 찬란한 제목처럼,
이 시집은 독자들의 마음 깊은 곳에
아름다운 파동을 남길 것입니다.

진심을 담아 축하드립니다.

달빛 아래 피어난 시어들이
더 많은 이들에게 따뜻한 위로와 영감을 전하길 바랍니다.

시집 『꿈꾸는 달』의 출간을 진심으로 축하드립니다.

강전영 제15시집

꿈꾸는 달

초판 발행일 2025년 6월 20일

지은이 강전영

펴낸이 양상구
웹디자인 김초롱
펴낸곳 도서출판 채운재
주소 우) 01314 서울시 도봉구 시루봉로 15라길 38-39 301호
전화 02-704-3301
팩스 02-2268-3910
H·P 010-5466-3911
E-mai ysg8527@naver.com

정가 12,000원
ISBN 979-11-92109-88-6(03810)

@강전영 2025
* 이 책은 저작권법에 따라 보호받는 저작물이므로 무단전재와 무단복제를 금지하며 이 책의 내용 전부 또는 일부를 이용하려면 반드시 저작권자와 도서출판 채운재의 동의를 받아야 합니다
* 파손 및 잘못된 책은 구입처에서 교환해 드립니다